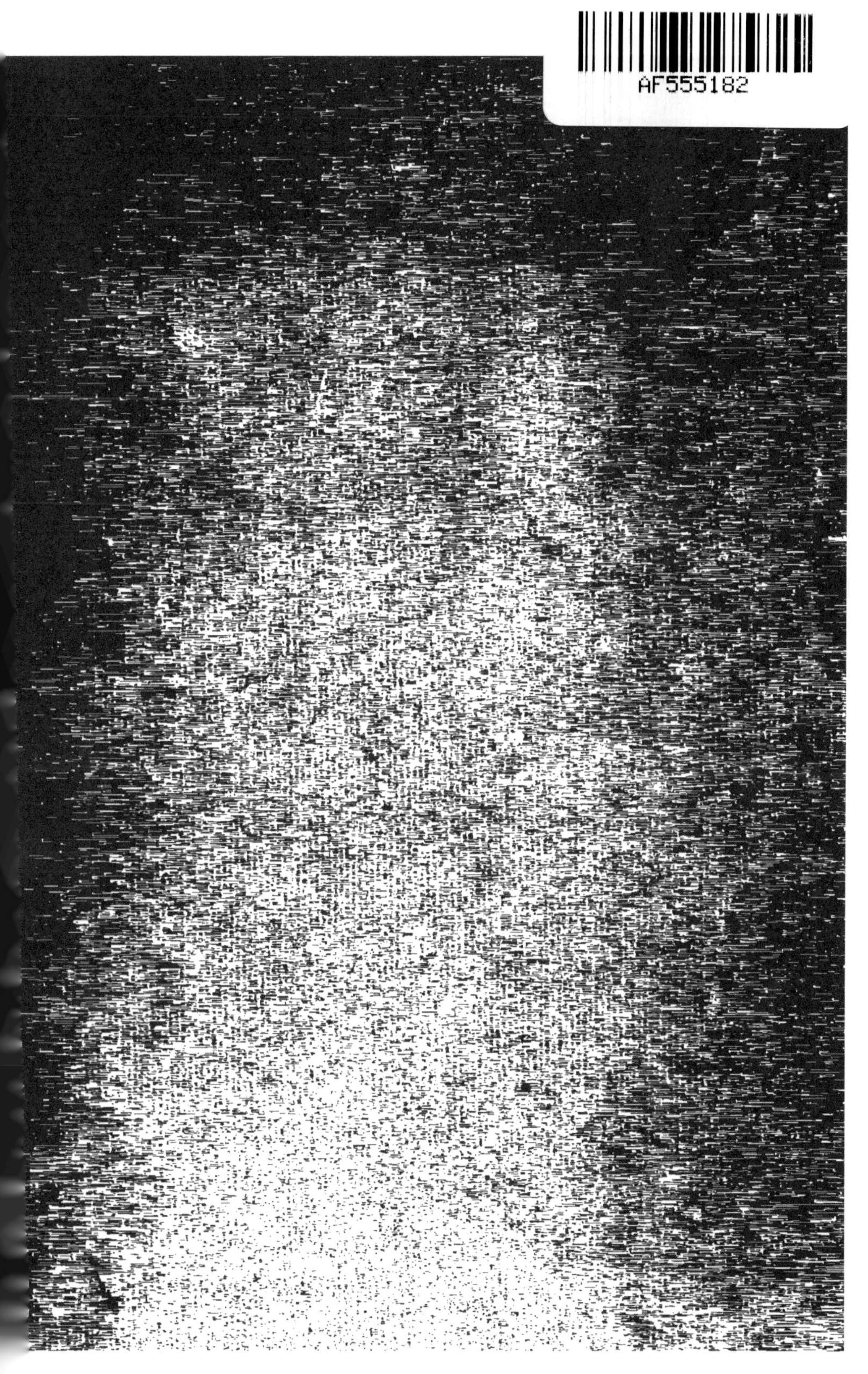

Montesquiou

EXPOSÉ

DE

LA SITUATION DU ROYAUME.

12 Juill. 1814

4

EXPOSÉ
DE
LA SITUATION DU ROYAUME,

PRÉSENTÉ

A LA CHAMBRE DES PAIRS

ET

A LA CHAMBRE DES DÉPUTÉS DES DÉPARTEMENS,

Le 12 Juillet 1814.

A PARIS,
DE L'IMPRIMERIE ROYALE.

1814.

qu'il n'a point détruit, pour guérir des plaies qu'il n'a point faites, et réparer des torts qui lui sont étrangers.

La guerre a été, sans contredit, la principale cause des maux de la France. L'histoire n'offrait encore aucun exemple d'une grande nation sans cesse précipitée, contre son gré, dans des entreprises de plus en plus hasardeuses et funestes. On a vu, avec un étonnement mêlé de terreur, un peuple civilisé condamné à échanger son bonheur et son repos contre la vie errante des peuples barbares. Les liens des familles ont été rompus ; les pères ont vieilli loin de leurs enfans, et les enfans sont allés mourir à quatre cents lieues de leurs pères : aucun espoir de retour n'adoucissait cette affreuse séparation ; on s'était accoutumé à la regarder comme inévitable, comme éternelle; et l'on a vu des paysans bretons, après avoir conduit leurs enfans jusqu'au lieu du départ, revenir dans l'église de leur paroisse, dire d'avance les prières des morts.

Il est impossible d'évaluer l'effroyable consommation d'hommes qu'a faite le dernier Gouvernement : les fatigues et les maladies en ont enlevé autant que la guerre. Les entreprises étaient si vastes et si rapides, que tout était sacrifié au desir d'en assurer le succès : nulle régularité dans le service des hôpitaux, dans l'approvisionnement des ambulances ; ces braves soldats, dont la valeur faisait la gloire de la France, qui donnaient sans cesse de nouvelles preuves de leur patience et de leur énergie, qui soutenaient avec tant d'éclat l'honneur national, se voyaient délaissés dans leurs souffrances, et livrés sans secours à des maux qu'ils ne pouvaient plus supporter. La bonté française était insuffisante pour suppléer à cette négligence cruelle ; et des levées d'hommes qui autrefois auraient formé de grandes armées, disparaissaient ainsi sans prendre part aux combats. De là la nécessité de multiplier le nombre de ces levées, de remplacer sans cesse, par des armées nouvelles, des armées presque anéanties. L'état des appels ordonnés depuis la fin de la campagne de Russie est effrayant :

11 janvier 1813	350,000 hommes.
3 avril, Gardes d'honneur	10,000.
1.er ban de Gardes nationales	80,000.
Gardes nationales pour les côtes	90,000.
24 août, armée d'Espagne	30,000.
9 octobre, conscription de 1814 et antérieures	120,000.
Conscription de 1815	160,000.
15 novembre, rappel de l'an 11 à 1814	300,000.
Janvier 1813, offres de cavaliers équipés	17,000.
1814, levées en masses organisées	143,000.
TOTAL	1,300,000.

Heureusement ces dernières levées n'ont pu être complétement exécutées ; la guerre n'a pas eu le temps de moissonner tous ceux qui avaient rejoint les drapeaux : mais ce seul exposé des réquisitions exercées sur la population, dans un intervalle de quatorze à quinze mois, suffit pour faire comprendre ce qu'ont dû être depuis vingt-deux ans les pertes de la nation.

Plusieurs causes concouraient cependant à réparer ces pertes ; le sort des habitans des campagnes amélioré par la division des grandes propriétés, l'égalité de partage dans les successions, et la propagation de la vaccine ont été sans doute les plus puissantes. C'est à la faveur de ces causes, et en exagérant leurs effets, qu'on a essayé de tromper la nation sur l'étendue de ses sacrifices : plus on enlevait d'hommes à la France, plus on s'efforçait de lui prouver qu'elle pouvait amplement suffire à cette effroyable destruction; mais quand les tableaux qu'on lui présentait eussent été exacts, il en serait seulement résulté que le nombre des naissances devait faire voir avec indifférence le nombre des morts.

On a été plus loin : on a voulu trouver dans la conscription même la source d'un accroissement de population, source impure qui a introduit le désordre et l'immoralité dans des mariages conclus avec précipitation et imprudence. De là une foule de ménages malheureux, d'unions ridicules ou indécentes. On a vu même des hommes du peuple, bientôt lassés d'un état qu'ils n'avaient embrassé que pour se soustraire à la conscription, se rejeter ensuite dans les dangers qu'ils avaient voulu éviter, et s'offrir comme remplaçans pour sortir de la misère qu'ils n'avaient pas prévue, ou rompre des liens si mal assortis.

Comment n'a-t-on pas réfléchi d'ailleurs que, si la conscription, en multipliant ces mariages déplorables, avait pu accroître le nombre des naissances, elle enlevait annuellement à la France une grande partie de ces hommes déjà formés, qui constituent la véritable force d'une nation? Les faits prouvent évidemment une conséquence si naturelle : la population au-dessous de vingt ans s'est accrue; au-delà de cette limite, la diminution est prodigieuse et incontestable.

Ainsi, tandis que le Gouvernement attaquait les sources de la prospérité nationale, il étalait avec orgueil les restes de cette prospérité qui ne cessait de lutter contre ses fatales mesures; il cherchait à déguiser le mal qu'il faisait, sous le bien qui se soutenait encore, et dont il n'était pas l'auteur. Maître d'un pays où de longs travaux avaient amassé de grandes richesses, où la civilisation avait fait les plus heureux progrès, où l'industrie et le commerce avaient pris depuis soixante ans un essor prodigieux, il s'emparait de tous ces fruits de l'activité de tant

de

de générations et de l'expérience de tant de siècles ; tantôt pour les faire servir à ses funestes desseins, tantôt pour cacher les tristes effets de son influence. Le simple exposé de l'état actuel du royaume montrera constamment la prospérité nationale luttant contre un principe destructeur, sans cesse attaquée, souvent atteinte de coups terribles, et puisant toujours en elle-même des ressources toujours insuffisantes.

MINISTÈRE DE L'INTÉRIEUR.

L'agriculture a fait en France des progrès réels : ces progrès avaient commencé long-temps avant la révolution ; depuis cette époque, de nouvelles causes en ont accéléré la marche, et ces causes auraient produit des effets bien plus importans, si des événemens funestes n'en avaient détruit ou diminué l'influence.

La propagation des bonnes méthodes de culture par les sociétés savantes, la résidence d'une foule de riches propriétaires à la campagne, leurs essais, leurs instructions, leurs exemples, enfin la création des écoles vétérinaires qui ont appris à préserver les animaux domestiques du désastre des épizooties, amenaient dans les diverses branches de l'économie rurale les plus heureux résultats ; mais les erreurs et les fautes du Gouvernement apportaient au développement de ces causes de continuels obstacles.

Le système continental a causé aux propriétaires de vignobles des pertes énormes : dans le midi de la France, beaucoup de vignes ont été arrachées, et le bas prix des vins et des eaux-de-vie a généralement découragé ce genre de culture.

La ferme expérimentale de Rambouillet, créée en 1786 par Louis XVI, avait commencé l'introduction des mérinos en France : un grand nombre de propriétaires avaient formé des entreprises semblables. En 1799 fut créée la ferme de Perpignan, que suivirent quelques années après sept établissemens du même genre. Le nombre des mérinos allait croissant; nos races s'amélioraient chaque jour: mais le Chef du Gouvernement, qui aurait voulu soumettre à son inquiète ambition la marche de la nature, se persuada que cette amélioration n'était ni assez étendue ni assez rapide; un décret du 8 mars 1811 ordonna la création de cinq cents dépôts de beliers mérinos, de cent cinquante à deux cents beliers chacun, et assujettit les propriétaires de troupeaux particuliers à une inspection insupportable. Découragés par tant d'injonctions et de défenses, blessés de cette surveillance continuelle qui les gênait dans leurs affaires et dans le soin de leurs intérêts, les propriétaires renoncèrent bientôt à leurs bergeries: la race, au lieu de s'améliorer plus rapidement, ne tarda pas à se détériorer; les dépenses de la guerre mirent le Gouvernement hors d'état de consacrer à ses propres bergeries des sommes suffisantes; et cette imprudente mesure a coûté à l'État plus d'un million et aux propriétaires plus de 20 millions qui, auparavant, étaient employés avec fruit à la propagation des mérinos et à l'amélioration des races indigènes.

Les établissemens de haras ont eu plus de succès: formés d'abord par l'ancien Gouvernement, ils avaient été détruits par la révolution, et n'ont été complétement rétablis qu'en 1806; alors furent organisés six haras, trente dépôts d'étalons et deux haras d'expériences. A la fin de 1813, ces établissemens renfermaient treize cent soixante-quatre étalons: mais dans le courant de cette même année, quatre-vingt mille chevaux ont été requis sans ménagement et sans choix; et des états approximatifs évaluent la perte faite en chevaux, depuis le 1.er janvier 1812, à deux cent trente mille chevaux. Les remontes coûtaient en général au Gouvernement, de 400 à 460 francs par cheval; ce qui porte la perte en argent à environ 105,200,000 fr.

Les mines ont reçu en France une augmentation notable : notre territoire offre maintenant quatre cent soixante-dix-huit mines de toute sorte en exploitation, ce qui emploie dix-sept mille ouvriers, et rapporte à la France un produit brut de 26,800,000 fr., et à l'État une redevance de 251,000 fr. Cette redevance était affectée au paiement de l'Administration des mines; mais ce fonds spécial, qui se montait au 1.er janvier dernier à 700,000 fr., a été employé par le Gouvernement aux dépenses de la guerre, et tout le corps des mines a été privé d'appointemens.

C'est au milieu de ces vexations continuelles, de cette législation changeante et tyrannique, de cet appauvrissement général, que nos terres ont été cultivées, nos mines exploitées, nos troupeaux même en partie conservés et améliorés ! Certes, rien ne prouve mieux l'industrie de notre nation et ses heureuses dispositions pour le premier de tous les arts, que les progrès de son agriculture sous un Gouvernement si oppressif. C'est peu d'avoir fatigué le laboureur de cette tyrannie active qui pénétrait jusqu'à sa dernière chaumière ; de lui avoir enlevé ses bras, ses capitaux ; de l'avoir condamné à racheter ses enfans, pour les lui ravir encore : des réquisitions, qu'on peut appeler la plus savante découverte du despotisme, lui ont enlevé à-la-fois tous les fruits de son labeur. La postérité croira-t-elle que nous avons vu un homme s'ériger en maître absolu de nos propriétés et de nos subsistances, nous condamner à les porter dans les lieux où il daignait nous les ravir, toute la population sortie de ses foyers avec ses bœufs, ses chevaux, ses greniers, pour livrer sa fortune et ses ressources à ce maître nouveau ? Heureux encore, lorsque ses agens n'ajoutaient pas à nos misères un trafic infame ! Mais jetons le voile sur ces indignités, et oublions les excès de la tyrannie, pour admirer les dons que nous a faits l'auteur de la nature. Quelle autre terre aurait pu résister à tant de calamités ? Mais telle est la supériorité de notre sol et l'industrie de nos cultivateurs, que l'agriculture sortira avec éclat de ses ruines, et doit se montrer plus brillante que jamais sous le régime paternel qui est venu finir ses misères.

L'indnstrie manufacturière a besoin de retrouver la même liberté. La mécanique et la chimie, enrichies d'une foule de découvertes, et habilement appliquées aux arts, lui avaient fait faire des progrès rapides : le système continental, en forçant les manufacturiers à chercher sur notre territoire des ressources jusque-là inconnues, a amené quelques résultats utiles ; mais les obstacles qu'il a opposés à l'entrée d'un grand nombre de matières premières, et le défaut de concurrence qui en a été la suite, ont élevé hors de mesure le prix de la plupart des denrées de fabrication française, et porté ainsi une atteinte funeste aux droits et aux intérêts des consommateurs. Quelques-uns de ces obstacles sont déjà levés; des lois raisonnables sur l'importation et l'exportation concilieront désormais les intérêts des consommateurs et ceux des manufacturiers, intérêts qui ne sont opposés que lorsque les prétentions sont exagérées de part ou d'autre.

Si l'on en croit les rapports des fabricans, les manufactures de coton occupent maintenant quatre cent mille ouvriers et un capital de cent millions : les manufactures de Rouen ont déjà repris une grande activité.

Les fabriques de toile de Laval et de Bretagne ont beaucoup souffert par la guerre avec l'Espagne, où elles trouvaient leur principal débouché.

Les fabriques de soie ont éprouvé le même sort. L'Espagne était la route par laquelle leurs produits passaient en Amérique et aux colonies : les fabricans ont reporté leur activité vers le nord de l'Europe ; mais cette ressource leur a bientôt été ravie ;

l'Italie seule leur est restée. Il est vrai que notre consommation intérieure en étoffes de soie s'est accrue ; mais que ne gagnerons-nous pas à la liberté des communications avec l'Europe entière, nous dont la supériorité dans ce genre de fabrication est si incontestable ?

En 1787, la fabrique de Lyon avait jusqu'à quinze mille métiers en activité ; pendant la dernière guerre, ce nombre a été réduit à huit mille. Déjà la fabrique se relève, et la ville de Lyon a reçu des commandes très-considérables.

Les manufactures de draps, de cuirs, &c. ont également souffert de l'interdiction des communications avec l'étranger. En général, l'industrie n'a cessé de lutter contre la funeste influence du système continental et des lois qui y étaient associées : ses tentatives n'ont pas toujours été infructueuses, mais elles ont prouvé en même temps l'absurdité de ce système. Si, au lieu de se consumer en efforts continuels pour atténuer les effets de mauvaises lois, cette industrie avait pu déployer librement ses forces, que n'aurait-on pas dû en attendre ? et que ne pourra-t-on pas en espérer, dès que les lois, au lieu de lui imposer des chaînes, ne feront que lui prêter des appuis ?

merce.

Les lois prohibitives ont fait encore plus de mal au commerce qu'à l'industrie. Si la difficulté des communications extérieures rétrécissait le marché de nos manufacturiers, du moins, dans celui qui leur restait ouvert, leurs denrées n'avaient-elles pas à craindre la concurrence des denrées étrangères ; et si ce défaut de concurrence nuisait aux intérêts des consommateurs, du moins une certaine classe de citoyens était-elle appelée à en profiter. Mais le commerce a besoin d'un champ plus vaste et plus libre : réduit à des spéculations étroites et peu avantageuses, dès qu'il essayait de les étendre, il se trouvait livré aux incertitudes d'un Gouvernement qui voulait le soumettre à ses caprices et à ses calculs. Le système des licences a ruiné ou découragé un grand nombre de négocians, en les abusant par des espérances que détruisait en un instant la volonté qui les avait fait naître. Des spéculations nécessairement hasardeuses ont besoin que la stabilité des lois prête son secours à la prévoyance des hommes; et ce passage brusque et continuel du régime des licences au régime absolument prohibitif, a causé au commerce des pertes immenses. Quelle tranquillité pouvaient avoir d'ailleurs des négocians qui voyaient dans le Gouvernement un rival aussi avide que puissant, et toujours attentif à se réserver l'exploitation exclusive du domaine qu'il leur interdisait? Une longue paix et des lois stables et libérales rendront seules aux commerçans assez de confiance pour qu'ils puissent se livrer sans crainte à leurs utiles travaux.

Telle est en abrégé la situation actuelle de l'activité agricole, industrielle et commerciale de la nation : cette activité, qui n'avait besoin que de liberté et d'encouragement, a été sans cesse entravée et ralentie par l'influence d'un Gouvernement qui, en voulant tout maîtriser ou tout faire, détruisait d'avance le bien qu'il prétendait protéger.

Si nous passons de là aux objets dépendant du ministère de l'intérieur, qui tenaient immédiatement au Gouvernement lui-même, et sur lesquels il exerçait une action directe, leur situation paraîtra encore plus déplorable.

ADMINISTRATION GÉNÉRALE DE L'INTÉRIEUR.

Le budget du ministère de l'intérieur, c'est-à-dire, la réunion de tous les fonds affectés aux différens services de ce ministère, s'élevait

En 1811 à....... 143 millions.
En 1812 à....... 150.
En 1813 à....... 140.

Le trésor public n'a jamais contribué à cette masse de fonds que pour 58, 59 ou 60 millions ; le surplus provenait de droits et prélèvemens spéciaux, établis pour subvenir à telles ou telles dépenses qui étaient successivement rejetées du budget de l'État, ou que nécessitaient des besoins nouveaux qui n'avaient pas été prévus dans ce budget.

Lors du Gouvernement consulaire, presque toutes les dépenses des ministères entraient, comme cela doit être, dans les résultats généraux des budgets de l'État soumis au Corps législatif; mais lorsqu'on eut entrepris des guerres ruineuses, il devint si difficile de subvenir à ces dépenses, malgré l'énorme augmentation des contributions, que les Ministres, et principalement celui de l'intérieur, n'eurent d'autre ressource que de proposer des taxes, des centimes additionnels ou perceptions spéciales, à l'effet de couvrir des dépenses auxquelles ne suffisaient plus les crédits qui leur étaient accordés sur les fonds généraux de l'État.

Par ce moyen, les départemens et les communes, après avoir payé les contributions ordinaires, n'obtenaient presque rien dans la répartition du produit général de ces contributions, et se trouvaient encore réimposés en centimes additionnels pour les routes, prisons, canaux, casernes, frais d'administration, tribunaux, bâtimens, service du culte, dépôts de mendicité, secours, &c. C'est ainsi que les départemens ont été conduits à payer, terme moyen, 45 centimes par franc; quelques-uns même ont été taxés à 62 et jusqu'à 72 centimes additionnels.

Un tableau du produit annuel de ces contributions extraordinaires, en n'y comprenant même que ce qui a été régulièrement consenti par le Gouvernement, en fera connaître l'étendue. (*Tableaux* n.os 1 et 2.)

Bien que ces fonds spéciaux fussent exclusivement affectés

au paiement des dépenses qui les avaient fait établir, le trésor ne les délivrait pas toujours à l'ordonnateur selon ses besoins. Ainsi une grande partie de ces produits, versés à la caisse du trésor public et à la caisse d'amortissement, pour le compte du Ministère de l'intérieur, se trouve perdue par l'épuisement de ces caisses. On peut évaluer à 60 millions ce qui est ainsi enlevé aux dépenses de l'administration intérieure sur les deux exercices de 1812 et 1813. Ainsi, les provinces appauvries par ces charges additionnelles, ne jouiront que d'une faible partie des établissemens, constructions et autres travaux utiles, dont l'espérance avait pu du moins alléger le poids de leurs sacrifices.

ADMINISTRATION DES COMMUNES ET DES HOSPICES.

Communes. Le desir de connaître et de surveiller tous les revenus de la France, pour s'en emparer un jour, a été la principale cause du mode adopté pour l'administration des biens des communes. Par un arrêté du 4 thermidor an 10, les communes furent divisées en deux classes : dans la première on plaça celles dont les revenus s'élevaient au-dessus de 20,000 fr. ; dans la seconde, celles dont les revenus étaient inférieurs à cette somme : des budgets où tous les revenus étaient bien établis, où toutes les dépenses étaient déterminées d'avance, étaient fournis par les communes de première classe, au Ministre de l'intérieur ; par celles de deuxième classe, aux préfets.

Un nouvel arrêté obligea toutes les communes dont les revenus s'élevaient au-dessus de 10,000 fr., à faire régler leurs budgets par le Gouvernement : de là naquirent des retards souvent funestes dans la marche de l'administration municipale. Les charges nouvelles sans cesse imposées aux communes, multipliaient encore les affaires ; de simples travaux d'entretien lorsqu'ils lorsqu'ils s'élevaient au-dessus de 300 fr., nécessitaient des devis particuliers qui devaient être vérifiés et approuvés par le Ministre. Ainsi ce mode d'administration, qui, adopté avec mesure et resserré dans de justes limites, aurait eu l'avantage d'introduire dans l'administration municipale plus de régularité et d'exactitude, a entraîné dans cette administration des lenteurs interminables, et en a souvent paralysé les ressorts.

D'ailleurs les budgets des communes, qui auraient dû se borner aux dépenses vraiment municipales, ont été successivement chargés des dépenses qui auraient dû être prises sur les fonds généraux de l'État, ou sur les fonds départementaux: telles sont les allocations des commissaires de police, les bâtimens et lits militaires, les dépôts de mendicité, les prisons, &c. De là est résultée une augmentation des tarifs de l'octroi, qui en a rendu la perception vexatoire : le taux moyen des octrois s'élève à 7 fr. 24 cent. par tête d'habitant ; et dans quelques villes, il a été porté à 17 fr. 37 cent.

Enfin le décret du 30 mars 1813 ordonna la vente de tous les biens affermés que possédaient les communes : il importe beaucoup de liquider la rente annuelle qui doit leur être payée en raison du produit de ces ventes, afin qu'elles retrouvent du moins le revenu des biens qu'elles ont perdus.

Quand cette rente sera exactement payée ; quand les communes ne seront plus surchargées d'une foule de dépenses qui doivent être à la charge du trésor public ; quand une administration à-la-fois régulière et prompte leur aura rendu plus d'activité en leur laissant plus de liberté ; quand la confiance dans un Gouvernement équitable aura guéri les citoyens de la crainte de se voir enlever des fonds dont l'emploi devait leur appartenir, la fortune communale ne tardera pas à renaître, et les communes se soumettront sans peine à une surveillance sans laquelle leurs finances retomberaient dans le désordre où elles ont été pendant la révolution.

Hospices. L'administration des hospices est dans une situation encore plus fâcheuse : cette administration avait cependant reçu, depuis 1789, des améliorations de la plus grande importance, soit dans l'emploi des fonds, soit dans le régime intérieur ; mais déjà, en 1811, l'état des finances empêcha le Gouvernement d'assigner à ce service les sommes qui devaient y être consacrées. Le décret du 19 janvier 1811 n'accorda que 4 millions pour la dépense des enfans-trouvés de tout le royaume, dépense qui s'élève annuellement à 9 millions. Les hospices de Paris avaient déjà, au commencement de 1813, un déficit présumé de 210,000 francs, et ce déficit s'est prodigieusement accru depuis cette époque, par le placement des malades militaires dans les hôpitaux civils, et le non-paiement des journées de ces malades. Le ministère de la guerre doit aux hôpitaux de Paris, pour ce seul objet, une somme de 1,395,365 fr. 60 centimes. Les magasins, les pharmacies, &c. sont épuisés ; les fonds de réserve des établissemens, en meubles, linge, &c. sont usés ou perdus : la valeur de ces pertes n'a pu être encore calculée ; mais elle s'élève à plusieurs millions.

TRAVAUX PUBLICS.

Après ce tableau de l'administration générale, les travaux publics doivent fixer notre attention. De grandes entreprises ont été formées, quelques-unes par des motifs de véritable utilité, beaucoup d'autres par ostentation ou dans des vues où n'entrait pour rien le bonheur de la France. Tandis que des routes magnifiques s'ouvraient sur nos frontières, les routes de l'intérieur étaient négligées ; et les chemins vicinaux, abandonnés aux communes qui n'avaient plus assez de fonds pour les entretenir en bon état, se sont fort détériorés. Les fonds spéciaux votés par les départemens pour les travaux des routes, ont été détournés de leur usage; 15,500,000 fr., déposés à cet effet à la caisse d'amortissement, en ont été détournés: un arriéré de plus de 28 millions existe aux ponts et chaussées; et cependant cette administration se trouvera chargée de tous les travaux extraordinaires qu'occasionneront les désastres de la dernière campagne. Trente ponts principaux ont été rompus ou brûlés; une réparation provisoire, et seulement en bois, coûtera 1,800,000 francs. On ne peut connaître encore l'étendue des dégradations qu'ont essuyées les routes, et le montant des sommes qu'il faudra y consacrer pour les remettre en état; mais on peut assurer d'avance que cette dépense sera très-considérable.

Les canaux sont en meilleur état; mais les travaux qui y ont été entrepris ne sont point terminés. Le canal de jonction du Rhône au Rhin a déjà coûté 12 millions; il en faut encore 5 pour en finir les réparations : cette entreprise et celle du canal de Saint-Quentin méritent des éloges. Le canal de l'Ourcq, entrepris sur un plan trop dispendieux, exige encore une dépense d'au moins 18 millions.

Les travaux de Paris ont été l'objet particulier des soins du Gouvernement, parce qu'il y trouvait un moyen d'étaler une grande magnificence et de se rendre populaire. Quelques-uns de ces travaux, comme les cinq abattoirs, la halle aux vins et les marchés, seront véritablement utiles. La dépense des abattoirs seuls était évaluée à 12,800,000 francs : il a déjà été payé 7,680,000 francs; il reste donc encore à payer, pour les terminer, 5,120,000 francs. Quant aux marchés, il ne faut plus que 1,200,000 francs pour les finir.

D'autres travaux, destinés à l'embellissement de la capitale, n'offrent que des avantages moins directs, et ne doivent pas cependant être tous abandonnés : la dépense totale en a été évaluée à 53,510,000 fr. ; la dépense déjà faite est de 24,191,000 fr., sur lesquels on doit encore 2 millions ; la dépense qui reste à faire, y compris cette dette, est donc encore de 31,319,000 fr. (*Tableau* n.° 3). A la vérité, une partie de cette dépense doit être supprimée, ou peut être ajournée.

Le trésor public ne concourait presque jamais à ces immenses entreprises : les bienfaits du Gouvernement se réduisaient à autoriser les départemens à s'imposer des centimes additionnels pour fournir aux constructions décrétées : quand il leur promettait des supplémens, ces supplémens n'étaient pas pris sur les fonds généraux de l'État ; ils étaient dérobés aux communes sur leurs coupes extraordinaires de bois, ou sur leurs fonds libres déposés à la caisse d'amortissement. C'est ainsi que 11 millions ont été fournis pour les prisons, et 5 millions pour les dépôts de mendicité : cette institution des dépôts de mendicité exigera encore, pour être complétée, une dépense d'environ 8,800,000f (*Tableaux* n.os 4 et 5).

On voit, d'après cet exposé rapide et nécessairement incomplet, quelle est la situation du ministère de l'intérieur, considéré dans ses diverses attributions. L'arriéré de ce ministère ne peut encore être évalué avec exactitude ; les renseignemens demandés aux préfets ne sont pas tous arrivés : une estimation générale fixe cet arriéré entre 40 et 50 millions. Les entreprises commencées, et maintenant suspendues, exigeraient, pour être terminées, une somme encore plus considérable. De grandes réformes ont déjà été faites ; on en verra la preuve dans le budget proposé pour cette année : mais leur effet ne peut encore se faire sentir ; et, telle est notre situation, que les funestes conséquences des opérations du dernier Gouvernement se développent maintenant dans toute leur étendue, tandis que les résultats salutaires des opérations nouvelles tarderont encore long-temps à se manifester.

MINISTÈRE DE LA GUERRE.

Nous ne pouvons présenter sur le ministère de la guerre que des résultats approximatifs, dont l'exactitude ne saurait être garantie. Là était le principe du mal; de là est venu le désordre qui s'est étendu à toutes les parties de l'administration. On sent que ce désordre devait être plus grand encore dans le ministère qui en était, pour ainsi dire, le centre et le foyer. Les désastres des trois dernières campagnes ont plongé dans le chaos cette administration, déjà si compliquée : des commissaires liquidateurs ont été chargés d'examiner les pertes faites dans ces campagnes, et les dettes qui en sont résultées; mais tous les matériaux nécessaires à ce travail ne sont pas encore retrouvés, et l'on ne peut y suppléer que par des évaluations plus ou moins incertaines.

L'état de la force armée de terre que possédait la France au mois de mai dernier s'élevait à plus de cinq cent vingt mille hommes, en y comprenant la gendarmerie, les vétérans, les invalides et les canonniers gardes-côtes. Indépendamment de cette force, il existe cent vingt-deux mille cinq cent quatre-vingt-dix-sept militaires de tout grade jouissant de la solde de retraite ou du traitement de réforme.

Cent soixante mille prisonniers nous reviennent de Prusse, d'Autriche, d'Angleterre et de Russie.

L'état-major de l'armée, y compris le corps des ingénieurs géographes, des inspecteurs aux revues et des commissaires des guerres, se compose de dix-huit cent soixante-quatorze individus. (*Tableau n.° 6.*)

La solde d'activité de la masse d'ordinaire, des supplémens

d'étape et des indemnités de tout genre, devait s'élever, pour 1814, à.............................. 202,000,000f

Les soldes de retraite et traitemens de réforme devaient coûter.............................. 34,000,000.

TOTAL.......... 236,000,000.

La guerre de 1812 et 1813 a détruit, en effets d'artillerie et d'approvisionnemens de tout genre, un capital de 250 millions. *(Tableau n.° 7.)*

Depuis 1804, l'entretien des places de guerre de l'ancienne France a coûté 55 millions, et celui des places de guerre situées dans les pays auxquels la France renonce aujourd'hui, s'est élevé à 115 millions.

En résumé, le budget du ministère de la guerre, proprement dit, avait été fixé, pour tous les services réunis, pendant l'exercice 1814, à 360 millions.

On sait que, depuis quelques années, ce ministère était divisé en deux parties, le ministère de la guerre et celui de l'administration de la guerre. Les dépenses de ce dernier ministère ont été portées,

En 1812, à.............................. 238,000,000f

En 1813, à.............................. 374,000,000.

En 1814, elles devaient s'élever à........ 380,000,000.

Ce qui aurait fait, pour l'année 1814, entre les deux ministères de la guerre, une dépense de 740 millions.

Aussi l'arriéré de ces deux ministères est-il énorme : celui du ministère de la guerre se monte, d'après les états présentés, à 104 millions, et celui de l'administration de la guerre, à 157 millions; total, 261 millions. Mais ces états ne sont point complets; les créances dont ils se composent ne sont liquidées qu'en partie; l'arriéré des armées pendant les années 1811, 1812, 1813 et 1814, est encore inconnu. Enfin on n'y a pas compris plus de 100 millions qui ont été ordonnancés par les deux ministères, que par conséquent ils ne comptent plus dans leur dette, mais que le trésor n'a pu payer.

Ajoutons qu'il faut aussi comprendre dans les dépenses occasionnées par la guerre, ces réquisitions dont nous avons déjà parlé, et plusieurs autres objets qui, pour n'avoir pas été à la charge du trésor, n'en ont pas moins pesé sur la nation: telle a été la dépense des gardes d'honneur et des offres de cavaliers montés et équipés, dépense qui s'est élevée, pour les départemens de l'ancienne France, à 15,611,041 fr. (*Tableau* n.° 8.)

MINISTÈRE DE LA MARINE.

La marine militaire s'est successivement affaiblie par les moyens même qui, depuis quatorze ans, ont été employés pour lui donner l'apparence de la force.

Faire sur toutes les côtes l'étalage d'une puissance factice; paraître méditer des projets gigantesques, tandis que les moyens, dans leur exagération même, étaient insuffisans; ne voir dans les gens de mer que des recrues éventuelles pour l'armée de terre: voilà le système constamment suivi par le Gouvernement qui vient de finir, système qui a amené l'anéantissement de la population maritime et l'entier épuisement de nos arsenaux.

Les représentations des hommes les plus sensés, des marins les plus expérimentés, l'évidence matérielle même, furent toujours vaines pour arrêter ces folles entreprises, ces mesures violentes qui appartenaient à un plan de domination oppressive dans toutes ses parties.

C'est ainsi qu'en 1804 on annonça fastueusement le projet d'une descente en Angleterre. Aussitôt un port où l'on ne devait jamais voir que des barques de pêche et des paquebots, est converti en un vaste arsenal maritime : on fait des travaux hydrauliques immenses sur une plage que les vents et les marées couvrent sans cesse de sable ; on élève à grands frais des forts, des batteries, des ateliers, des magasins ; des milliers de bâtimens sont mis en construction, sont achetés sur toutes les côtes de l'Océan, dans l'intérieur des rivières, sans considérer s'ils pourront parvenir au lieu marqué pour leur réunion. Paris même voit dans ses murs se former un chantier naval ; les bois, les approvisionnemens les plus précieux sont consacrés à construire, à armer ces bateaux de différentes espèces qui n'avaient pas même l'avantage de convenir à leur destination. Que reste-t-il aujourd'hui de tous ces armemens ? les débris de quelques barques, et de déplorables comptes qui attestent que, pour créer et voir se détruire successivement cette flottille monstrueuse, plus de 150 millions ont été sacrifiés depuis 1803 jusqu'à ce jour.

Tout ce que le talent des ingénieurs, la persévérance courageuse des marins pouvaient faire, on l'avait obtenu sur l'Escaut : en peu de temps une escadre nombreuse navigue facilement sur un fleuve que l'on croyait inaccessible à de grands bâtimens de guerre ; de nombreux équipages, formés par les soins d'un amiral habile, secondent, quand il le faut, les opérations de l'armée de terre ; et tout récemment on les a vus défendre, avec une rare bravoure, l'arsenal d'où leur flotte était sortie.

Mais ce genre de succès ne suffit pas à l'orgueil de la puissance ; c'est l'espoir de vaincre la nature, qui peut seul le flatter ; et aussitôt les bords de l'Escaut se couvrent de chantiers, que toutes les forêts voisines n'auraient pu alimenter, si l'activité de ces constructions eût dû se prolonger. C'est en vain que l'on représente qu'il peut suffire d'un hiver rigoureux pour changer le gisement des bancs, et fermer les passes que des

vaisseaux

vaisseaux de premier rang auraient à franchir ; que chaque année, à l'approche des glaces, les équipages viennent se renfermer dans des bassins où ils perdent en peu de mois ce que leurs officiers leur ont si péniblement enseigné pendant la belle saison : rien n'est écouté, et les trésors de la France sont prodigués pour parvenir à un but qu'il était impossible d'atteindre.

L'expérience constate que l'emploi des approvisionnemens n'est jamais plus économique et mieux surveillé, que lorsque l'on concentre sur un seul point les plus grandes et les plus petites constructions : mais il faut imposer ; et, sous prétexte de procurer du travail aux ouvriers marins, de mettre en œuvre les bois existant sur les lieux, on entreprend des constructions dans des ports envasés, sans rade, sans mouillage sûr et protégé, exposés pendant l'hiver à l'effet des débacles, ou dont l'entrée est fermée par une barre difficile à franchir.

De là des états-majors nombreux et une administration considérable et dispendieuse.

Les grands travaux exécutés à Cherbourg avec tant de succès et la belle escadre de Toulon, présentent seuls des résultats utiles ; ailleurs, on n'aperçoit que fautes, qu'imprévoyance.

Tous nos arsenaux sont entièrement démunis : on a dissipé cet immense mobilier naval que Louis XVI avait soigneusement fait préparer lors de la paix de 1783 ; et depuis quinze ans, la France a perdu en expéditions mal conçues, mal combinées, 43 vaisseaux, 82 frégates, 76 corvettes et 62 bâtimens de transport ou avisos, que l'on ne remplacerait pas avec deux cents millions. (*Tableau* n.° 9.)

Le port de Brest, le plus beau, le meilleur peut-être de l'Europe, où des flottes immenses peuvent être réunies en sûreté, où il existe de vastes et magnifiques établissemens, a été entièrement délaissé.

Si les arsenaux sont épuisés et sans munitions, les vaisseaux sont encore plus dépourvus de véritables hommes de mer.

La perte de nos colonies, les mesures arbitraires qui tourmentaient sans cesse le commerce, les vexations exercées sur les pêcheurs, la longue durée de la guerre, les revers éprouvés par nos flottes, auraient suffi pour anéantir la population maritime; mais, par une autre cause encore, le dernier Gouvernement en avait, pour ainsi dire, prononcé la perte absolue.

Nos équipages, que l'extinction de la race des gens de mer ne permettait plus de recruter qu'avec des conscrits, ont reçu l'organisation des régimens de ligne; et l'on a vu plusieurs de ces équipages courir de leurs vaisseaux dans les champs de l'Allemagne et dans les montagnes des Asturies: commandés par des chefs valeureux, ils ont concouru à soutenir l'éclat des armes françaises; mais ils perdaient dans les camps toutes les habitudes de la mer.

Cette double gloire avait dû séduire beaucoup d'officiers de la marine; le desir d'avoir toujours avec eux les mêmes compagnons, leur semblait se justifier par l'espérance d'une plus forte discipline: mais ces officiers oubliaient que la guerre ne pouvait pas être perpétuelle, qu'en temps de paix l'État ne pouvait pas garder sous son pavillon cette foule de matelots-soldats; que ce régime était entièrement opposé aux goûts, aux usages des marins, qu'il tendait enfin à les retenir dans un célibat funeste pour la marine et pour le royaume.

Il importe donc de faire cesser un régime qui présente aussi le grave inconvénient de faire trop reposer les intérêts pécuniaires du matelot entre les mains de ses officiers, pour lesquels rien ne doit altérer son respect et sa confiance.

Le tableau ci-joint fera connaître l'état actuel de nos forces navales. (*Tableau* n.° 10.)

La dette totale de la marine monte à soixante-un millions trois cent mille francs.................... 61,300,000^{f}

MINISTÈRE DES FINANCES.

L'exposé de la situation du ministère des finances doit offrir l'explication de celle de tous les autres ministères : mais ici se concentrent les résultats. Avant de les faire connaître, il importe d'expliquer de quelle manière l'ancien Gouvernement était parvenu à les cacher.

Au premier coup-d'œil, le système de finances de l'ancien Gouvernement se présente avec une apparence d'ordre et d'exactitude.

Avant le commencement de chaque année, le Ministre des finances devait réunir les demandes des Ministres pour les dépenses de l'année, et en former le budget des dépenses.

Il devait également former, par aperçu, l'état du produit des impôts et revenus, et en déduire le budget des recettes.

Ces deux tableaux, mis en balance, composaient le budget général de l'État, et semblaient promettre qu'on pourrait pourvoir aux dépenses de tous les services, en réalisant tous les revenus.

Mais cet équilibre n'était que fictif; et le budget, soit des recettes, soit des dépenses, était altéré par une foule d'inexactitudes et même de faussetés.

Les fonds dits *spéciaux*, objet de plus de 100 millions par an, n'étaient pas compris dans le budget; beaucoup de dépenses extraordinaires n'étaient portées à aucun ministère.

Les dépenses de la guerre étaient calculées sur un effectif très-inférieur à l'effectif réel; une ou plusieurs conscriptions étaient levées, des remontes, des approvisionnemens et des travaux étaient ordonnés dans le cours d'une année, sans que les crédits fussent augmentés proportionnellement. Les crédits devenaient donc nécessairement insuffisans, et un arriéré considérable se formait et s'accroissait chaque jour.

La plupart des produits, présumés portés au budget, étaient de plus ou éventuels ou exagérés; on ne pouvait les réaliser, ou l'on n'obtenait qu'une somme inférieure à leur évaluation. Ainsi, les budgets de 1812 et 1813 offrent encore un déficit de 312,032,000 fr. (*Tableau* n.° 11.)

Le chef du Gouvernement n'ignorait pas ces déficits; mais il espérait toujours les combler, soit par ces tributs de l'étranger que lui avaient valus ses premières campagnes, soit en puisant des ressources dans les fonds spéciaux, dans le domaine extraordinaire, dans la caisse d'amortissement, dans la caisse de service, &c. C'est ainsi que presque tous ces fonds, qui n'étaient pas destinés aux dépenses de la guerre, y ont été employés; et de là est né, dans les finances, un arriéré considérable dont nous allons faire connaître l'étendue.

1.° Il a été enlevé aux fonds spéciaux et employé aux dépenses du budget, une somme de.......... 53,580,000f
(*Tableau* n.° 12.)

2.° Il a été prélevé sur les caisses du domaine extraordinaire et de la couronne .... 236,550,000.
(*Tableau* n.° 13.)

3.° La caisse de service et celle du trésor ont avancé et consommé................. 162,014,000.
(*Tableau* n.° 14.)

4.° Il a été détourné de la caisse d'amortissement et employé aux dépenses......... 275,825,000.
(*Tableau* n.° 15.)

TABLEAUX

ANNEXÉS

A L'EXPOSÉ DE LA SITUATION DU ROYAUME. *

* La plupart de ces Tableaux ne sont et ne peuvent être qu'approximatifs.

5.° Il faut ajouter à ces diverses sommes l'arriéré existant dans les dépenses, à la charge particulière du ministère des finances, puisque le paiement n'en a été refusé ou retardé que parce que les fonds en avaient été employés à d'autres dépenses; cet arriéré, en y comprenant 12 millions dus pour la solde de retraite, est de 77,500,000f (*Tableau* n.° 16.)

Ainsi, le total des anticipations ou fonds détournés et dévorés à l'avance par l'ancien Gouvernement, est de........................ 805,469,000.

Ajoutons maintenant à cette somme l'arriéré des divers ministères, que l'on ne connaît pas encore avec exactitude, mais que l'on ne peut guère évaluer à moins de 500 millions : en y comprenant 150 millions ordonnancés par ces ministères dans les premiers mois de 1814, mais non acquittés par le trésor, la somme totale des anticipations et de cet arriéré s'élevera à... 1,305,469,000.

Si l'on y joint enfin la création de 17 millions de rentes perpétuelles, représentant un capital de 340 millions, dont moitié, à la vérité, a été employée au paiement de dettes antérieures à l'an 8, on aura, pour montant d'accroissement des dettes de l'État pendant le cours de treize années, la somme d'un milliar six cent quarante-cinq millions quatre cent soixante-neuf mille francs, ci.............. 1,645,469,000.

Ce calcul est effrayant sans doute : il ne faut cependant pas en considérer les résultats comme un mal sans remède. Le Ministre des finances vous expliquera quelles sont les sommes immédiatement exigibles, celles qui ne peuvent être exigées qu'à des époques encore éloignées, et celles qui doivent se résoudre en une simple charge d'intérêts. Pour nous, appelés uniquement à vous présenter l'exposé de la situation actuelle du royaume, nous avons dû nous renfermer dans cette pénible tâche : nous n'avons rien dissimulé; les tableaux ci-joints renferment le détail et la preuve des faits que nous vous avons sommairement rapportés.

Ces détails vous montreront à-la-fois le mal et l'espoir de la guérison ; vous y verrez quelle force de vie toujours agissante a constamment soutenu et renouvelé la France au milieu de ses pertes ; quelles ressources ont lutté sans relâche contre des désastres toujours renaissans. Vous vous étonnerez de voir si fertiles et si bien cultivées ces campagnes long-temps exposées à tous les genres de dévastations ; effrayés de la dette du Gouvernement, vous verrez d'un autre côté, entre les mains des particuliers, de nombreux capitaux prêts à se verser dans des entreprises utiles : loin de désespérer alors de la prospérité nationale, en considérant tout ce qu'a souffert la France et tout ce qu'elle a supporté, vous jugerez tout ce qu'elle doit se prometre d'elle-même sous un Gouvernement dont elle n'aura plus qu'à seconder les bienfaisantes intentions.

Mais les soins de ce Gouvernement ne se borneront pas au rétablissement d'une prospérité purement matérielle. D'autres sources de bonheur et de gloire ont été cruellement attaquées. La morale, comme la richesse publique, ne saurait échapper à l'influence funeste d'un mauvais Gouvernement : celui qui vient de finir a comblé dans ce genre les maux qu'avait causés la révolution ; il n'a rétabli la religion que pour en faire un instrument à son usage ; l'instruction publique, soumise à la même dépendance, n'a pu répondre aux efforts du corps respectable qui la dirige : ces efforts ont été sans cesse contrariés par un despotisme qui voulait dominer tous les esprits, pour asservir sans obstacle toutes les existences. L'éducation nationale a besoin de reprendre une tendance plus libérale, pour se maintenir au niveau des lumières de l'Europe, en revenant à des principes trop long-temps oubliés parmi nous.

Que ne peut on rendre aussi tout d'un coup à la France ces habitudes morales et cet esprit public que de cruels malheurs et une longue oppression y ont presque anéantis ! Les sentimens nobles ont été comprimés, les idées généreuses ont été étouffées. Non content de condamner à l'inaction les vertus qu'il redoutait, le Gouvernement a excité et fomenté les passions qui pouvaient le servir : pour éteindre l'esprit public, il a appelé à son aide l'intérêt personnel ; il a offert ses faveurs à l'ambition pour faire taire la conscience ; il n'a plus laissé d'autre état que celui de le servir, d'autres espérances que celles qu'il pouvait seul réaliser : aucune ambition n'était indiscrète, aucune prétention ne semblait exagérée. De là, cette continuelle agitation de tous les intérêts et de tous les desirs ; de là, cette instabilité dans les situations, qui ne laissait presque à personne les vertus de son état, parce que chacun ne songeait qu'à en sortir ; de là enfin, des attaques sans cesse livrées à tous les genres de probité, par des séductions dont les caractères les plus généreux avaient peine à se défendre.

Ce sont les tristes effets de ce système corrupteur que nous avons aujourd'hui à combattre ; ne nous en dissimulons pas l'étendue. Il est des époques où les peuples, comme les Rois, ont besoin d'entendre la vérité, dût-elle même paraître triste ou sévère ; nous n'avons pas craint de vous la dire. Les embarras du moment sont pénibles, les difficultés sont grandes ; il y aura beaucoup à attendre du temps ; la nation sentira que le concours de son zèle est nécessaire pour hâter le retour de son propre bonheur. Sa confiance dans les intentions de son Roi, les lumières et la sagesse des deux Chambres, rendront la tâche du Gouvernement moins longue et plus légère. Si quelque chose pouvait empêcher que ces espérances se réalisassent promptement, ce serait cette turbulence inquiète qui veut jouir sans retard des biens qu'elle entrevoit; mais votre prudence saura nous en préserver. Si les impôts n'étaient pas payés, les dettes s'accroîtraient, et l'insuffisance des ressources ne permettrait pas de diminuer les contributions. Si l'union générale ne secondait pas les vues bienfaisantes de notre Roi, des entreprises utiles seraient arrêtées; d'importantes améliorations seraient suspendues, et l'impossibilité de faire le bien accroîtrait le mal déjà fait. En regrettant les biens qui doivent encore se faire attendre, jouissons de ceux qui nous sont offerts. Déjà la paix rouvre nos ports; la liberté ramène le négociant à ses spéculations et l'ouvrier à ses travaux; un principe de vie circule dans tous les membres du corps politique; chacun voit la fin de ses maux et entrevoit ses heureuses destinées. Pourrions-nous être indifférens à ce repos de l'avenir, après avoir vécu si long-temps de tourmens et d'inquiétudes? Vous n'y serez point insensibles, Messieurs; le Roi se confie également à ses peuples et à leurs députés, et la France attend tout de leur généreux accord. Quelle circonstance plus heureuse que celle d'une assemblée qui a si bien mérité de la patrie, et d'un Roi qui veut en être le père! Jouissez, Messieurs, de cette heureuse réunion; voyez ce que la France en espère, ce que vous avez déjà fait pour elle. Que ces heureux commencemens vous encouragent dans votre carrière, et que la reconnaissance de nos derniers neveux, soit à-la-fois votre émulation, votre gloire et votre récompense.

Signé L'ABBÉ DE MONTESQUIOU.

[TABLEAU n.° 1.]

Aperçu des Fonds spéciaux qui étaient affectés au Ministère de l'intérieur en 1813.

Centimes additionnels et facultatifs pour les dépenses des départemens et pour celles de la garde nationale	36,200,000f
Non-valeurs pour secours	1,360,000.
Redevances fixes et proportionnelles du service des mines	530,000.
Droits de navigation et de bacs	4,750,000.
Droits de tonnage, de sauvetage; droits de côtes et droits sur les vins et eaux-de-vie dans les ports	270,000.
Péages des ponts	300,000.
Ventes d'arbres; amendes de grande voirie	100,000.
Taxe additionnelle pour le pont de Bordeaux	500,000.
Droits d'entrée des livres; amendes, brevets; droit par feuille d'impression et autres revenus de la librairie	420,000.
Rétribution des journalistes des départemens	200,000.
Droit de pesage et jaugeage pour le traitement des inspecteurs des poids et mesures	160,000.
Fonds des communes, affectés au premier établissement des dépôts de mendicité	280,000.
Restant du dixième du revenu foncier des communes, pour travaux de Paris et pour travaux d'églises	1,700,000.
Sur les coupes de bois communaux, pour travaux publics	1,500,000.
Impositions extraordinaires de centimes additionnels pour dépenses de prisons, dépôts, hôtels de préfecture, tribunaux, &c.	8,600,000.
Sur la caisse de l'extraordinaire de la ville, pour travaux de Paris.	7,000,000.
Sur les non-valeurs, pour travaux de Paris	1,000,000.
Impositions extraordinaires de centimes additionnels pour travaux des ponts et chaussées, canaux, routes départementales, &c.	18,900,000.
Sur les recettes de la caisse des canaux (le dernier gouvernement doit 5 millions sur l'acquisition des canaux d'Orléans, de Loing et du Midi, consommée depuis cinq ans)	2,000,000.
Sur l'addition à l'octroi pour le canal de l'Ourcq	1,300,000.
Produit des canaux des étangs	170,000.
Contribution de l'administration des salines	160,000.
Total	87,400,000.

[TABLEAU N.° 2.]

APERÇU des Fonds spéciaux pour l'année 1814 (pour quatre-vingt-sept Départemens).

(a) Sur les 12 cent. 1/2, il y en a 7 1/2 environ pour le chancelier et le ministre des finances.

(b) Les centimes extraordinaires de ponts et chaussées s'élevaient seuls à 16 millions.

	Désignation	Montant
	(a) 12 centimes 1/2 additionnels pour dépenses variables des départemens	24,982,000.
	4 centimes additionnels, remplaçant les centimes facultatifs	7,994,000.
	(b) 7 centimes 2/3 pour routes départementales, achats, constructions, réparations de prisons, tribunaux, hôtels de préfecture	15,322,000.
	Portion du fonds de non-valeurs, savoir: 2/3 de cent. pour secours, tremblemens de terre, incendies, &c. et prélèvement annuel de 500,000 francs sur les non-valeurs du ministère des finances, pour travaux de Paris	1,832,000.
	Droits de navigation, de bacs et de canaux non affermés	2,630,000.
	Droits sur les canaux affermés	*Mémoire.*
	Demi-droit de tonnage dans les ports	300,000.
	Taxe additionnelle dans six départemens pour le pont de Bordeaux.	675,000.
	Péages sur les ponts	143,000.
	Vente d'arbres, amendes de voirie	50,000.
	Produits des canaux des étangs	180,000.
	Contributions de l'administration des salines pour routes	57,000.
	Redevances fixes et proportionnelles des concessionnaires des mines.	340,000.
	Rétributions sur les journalistes et autres revenus de la librairie	120,000.
	Droits de pesage, jaugeage et mesurage	150,000.
	Prélèvement sur le produit des coupes de bois communaux, pour travaux de Paris (50 pour 0/0)	1,000,000.
	Produit du dixième du revenu foncier des communes, pour travaux des églises, &c	400,000.
FONDS de LA VILLE.	Octroi additionnel pour le canal de l'Ourcq	1,100,000.
	Prélèvement sur la caisse de l'extraordinaire de la ville de Paris, pour travaux publics	1,500,000.
	Produit de la caisse de Poissy pour les abattoirs	1,300,000.
	Prélèvement sur les fonds de la ville pour les lycées.	300,000.
	TOTAL	60,375,000.

[TABLEAU N.° 3.]

ÉTAT des Embellissemens de Paris entrepris par Napoléon, *et des Fonds sur lesquels la dépense était payée.*

TRAVAUX.	ESTIMATION de la dépense totale.	DÉPENSE FAITE.	DÉSIGNATION DES FONDS qui ont servi aux paiemens.
Arc de l'Étoile..........	9,000,000f	4,300,000f	Prélèvemens sur les produits des coupes de bois communaux; sur le dixième du revenu foncier des communes; sur le droit à la sortie des grains; sur le domaine extraordinaire et sur la police.
Temple de la Gloire.....	8,000,000.	2,400,000.	Prélèvement sur la loterie, sur les non-valeurs et sur le revenu foncier des communes.
Hôtel des postes.........	6,000,000.	2,018,000.	Sur le fonds des postes.
Bourse................	6,000,000.	2,505,000.	Sur la vente de l'hôtel de Toulouse, sur les amendes aux fraudeurs et sur le revenu foncier des communes.
Palais du Temple.......	700,000.	500,000.	Sur les non-valeurs et le dixième du revenu foncier des communes.
Greniers de réserve......	8,000,000.	2,928,000.	Sur les bois communaux et les non-valeurs.
Fontaine de la Bastille....	1,200,000.	600,000.	*Idem.*
Jardin des plantes.......	1,100,000.	760,000.	Sur les bois communaux.
Église Sainte-Geneviève...	2,500,000.	2,089,000.	Sur les bois communaux; sur le droit à la sortie des grains, et sur le dixième du revenu des communes.
Observatoire...........	300,000.	227,000.	Sur les bois communaux.
Obélisque du Pont-Neuf..	5,300,000.	1,500,000.	Sur le fonds des grains, les amendes aux fraudeurs et les bois communaux.
Embellissement des ponts..	1,360,000.	300,000.	Sur la police et le revenu foncier des communes.
Archives..............	*Pour mémoire.*	315,000.	Sur les bois communaux.
Église Saint-Denis.......	2,450,000.	2,149,000.	Sur les bois communaux, les grains et le revenu foncier des communes.
Monumens de la place Vendôme et de la place des Victoires...........	1,600,000.	1,600,000.	Sur les bois communaux.
	53,510,000.	24,191,000.	

[TAB

Dépôts de

DÉPARTEMENS où LES DÉPÔTS SONT SITUÉS.	NOMBRE des Mendians	FONDS ALLOUÉS pour les frais de premier établissement.	DÉPENSES À FAIRE POUR PREMIER ÉTABLIS			
			Acquisition et frais y relatifs.	Constructions et réparations.	Ameublem.t, habillement et vestiaire.	
1. Allier	250.	320,000f 00c	60,383f	211,695f	50,000f	
2. Alpes (Hautes)	200.	200,000. 00.	〃	178,000.	40,000.	
3. Charente	500.	280,000. 00.	〃	363,127.	100,000.	
4. Charente-Inférre	300.	180,000. 00.	17,808.	130,900.	60,000.	
5. Côte-d'Or	300.	220,000. 00.	31,045.	152,000.	60,000.	
6. Dordogne	250.	181,000. 00.	54,000.	71,363.	50,000.	
7. Indre-et-Loire	250.	200,000. 00.	55,000.	100,000.	50,000.	
8. Jura	250.	220,000. 00.	〃	153,500.	50,000.	
9. Isère	350.	235,000. 00.	45,000.	87,000.	70,000.	
10. Loire (Haute)	200.	200,000. 00.	39,000.	90,000.	40,000.	
11. Loire-Inférieure	500.	300,000. 00.	61,500.	267,750.	100,000.	
12. Loire	250.	300,000. 00.	35,000.	196,000.	50,000.	
13. Lot	300.	120,000. 00.	19,500.	82,891.	60,000.	
14. Maine-et-Loire	400.	260,000. 00.	62,500.	119,515.	80,000.	
15. Meuse	500.	383,619. 78.	27,850.	354,722.	100,000.	
16. Nord	1,000.	860,000. 00.	246,852.	400,000.	200,000.	
17. Oise	400.	230,000. 00.	23,629.	163,801.	80,000.	
18. Sarthe	300.	295,000. 00.	18,000.	414,703.	60,000.	
19. Seine-et-Marne	500.	250,000. 00.	〃	294,900.	100,000.	
10. Seine-et-Oise	500.	680,000. 00.	57,583.	566,099.	100,000.	
21. Vosges	300.	150,000. 00.	30,500.	96,600.	60,000.	
22. Yonne	200.	130,000. 00.	70,000.	50,000.	56,637.	
23. Drôme	200.	245,589. 00.	〃	200,000.	40,000.	
24. Loiret	400.	319,633. 00.	〃	192,000.	80,000.	
	8,600.	6,759,841. 78.	955,150.	4,936,566.	1,736,637.	7

ravaux s'exécutent.

	DÉPENSES TES POUR PREMIER ÉTABLISSEMENT.			DÉPENSES RESTANT à faire.	OBSERVATIONS.
on s.	Constructions et réparations.	Ameublement, habillement et vestiaire.	Total.		
3f	18,000f	//	78,383f	243,695f	
	150,000.	//	150,000.	68,000.	
	280,000.	//	280,000.	183,127.	
8.	100,000.	//	117,808.	90,900.	
5.	//	//	31,045.	212,000.	
0.	//	//	54,000.	121,363.	
0.	//	43,000f	98,000.	107,000.	
	130,000.	30,000.	160,000.	43,500.	
0.	50,000.	//	95,000.	107,000.	
0.	15,000.	//	54,000.	115,000.	
0.	267,750.	//	329,250.	100,000.	
0.	150,000.	//	185,000.	96,000.	
0.	50,000.	//	69,500.	92,891.	
0.	100,000.	//	162,500.	99,515.	
0.	354,722.	49,618.	432,190.	50,382.	
2.	10,000.	2,715.	259,567.	587,285.	
9.	163,801.	//	187,430.	80,000.	
00.	//	//	18,000.	474,703.	
	270,000.	105,900.	375,900.	19,000.	
83.	476,000.	//	533,583.	190,099.	
00.	70,000.	//	100,500.	86,600.	
00.	50,000.	56,637.	176,637.	//	
	//	//	//	240,000.	
	84,138.	49,000.	133,138.	138,862.	
50.	2,799,411.	191,668.	4,082,031.	3,546,922.	

[TABLE

ÉTAT des Dépôts de mendicité à créer, don

DÉPARTEMENS.	NOMBRE DE MENDIANS pour lesquels les projets sont rédigés.	MONTANT DES DÉPENSES PRÉSUMÉES DE 1.er ÉTABLISSEMENT.			
		Acquisition.	Travaux.	Ameublement.	TOTAL
1. Aude	300.	94,000f	191,215f	70,000f	355,21
2. Cantal	200.	//	246,051.	40,000.	286,05
3. Corrèze	200.	//	98,358.	40,000.	138,35
4. Corse	200.	//	142,406.	40,000.	182,40
5. Eure-et-Loir	400.	35,000.	300,000.	80,000.	415,00
6. Finistère	4 à 500.	80,000.	140,000.	80,000.	300,00
7. Gers	250.	30,000.	90,000.	60,000.	180,00
8. Indre	250.	6,000.	120,000.	60,000.	186,00
9. Landes	150 à 200.	5,520.	203,480.	40,000.	249,00
10. Loir-et-Cher	250.	5,000.	161,000.	60,000.	226,00
11. Lozère	200.	20,000.	60,000.	40,000.	120,00
12. Meurthe	450.	30,000.	190,000.	90,000.	310,00
13. Pas-de-Calais	450 à 500.	//	241,209.	120,000.	361,20
14. Puy-de-Dôme	300.	90,000.	115,628.	60,000.	265,62
15. Pyrénées-Or.	250.	180,000.	250,000.	62,000.	330,00
16. Rhône	400.	170,000.	220,000.	80,000.	470,00
17. Saone-et-Loire	250 à 300.	//	143,000.	60,000.	203,00
18. Tarn	200.	//	56,772.	33,228.	90,00
TOTAUX		583,520.	2,969,119.	1,115,228.	4,667,86

DÉPARTEMENS dont les Pr

1. Aveyron.
2. Cher.
3. Côtes-du-Nor
4. Creuse.
5. Mayenne.
6. Morbihan.
7. Pyrénées (Bas
8. Pyrénées (Ha
9. Var.

° 5.]

ojets ont été transmis au Ministre de l'intérieur.

FONDS RÉSERVÉS POUR FRAIS DE 1.er ÉTABLISSEMENT.				DÉFICIT qui sera couvert, soit par de nouvelles allocations dans les budgets de 1814 et 1815, soit par des impositions extraordinaires, soit enfin par des allocations sur le fonds spécial de la mendicité.	OBSERVATIONS.
DANS LES BUDGETS		Autres ressources.	TOTAL.		
des départemens.	des communes.				
53,000f 00c	27,305f 21c	//	80,305f 21c	274,909f 79c	
5,000. 00.	34,299. 55.	54,453f	93,752. 55.	192,298. 45.	
//	//	//	//	138,358. 00.	
//	//	//	//	//	
39,000. 00.	28,700. 00.	//	167,700. 00.	247,300. 00.	
51,904. 00.	64,500. 00.	6,550.	122,954. 00.	177,046. 00.	
5,000. 00.	7,295. 69.	9,000.	21,295. 69.	158,704. 31.	
11,500. 00.	16,550. 00.	//	28,050. 00.	157,950. 00.	
25,184. 00.	16,000. 00.	//	41,184. 00.	207,816. 00.	
59,101. 00.	27,800. 00.	//	86,901. 00.	139,099. 00.	
//	//	//	//	120,000. 00.	
96,000. 00.	44,600. 00.	20,338.	160,938. 00.	149,062. 00.	
20,000. 00.	241,161. 00.	//	261,161. 00.	100,048. 00.	
06,345. 00.	30,024. 00.	//	136,369. 00.	129,259. 00.	
8,000. 00.	135,450. 00.	//	143,450. 00.	186,550. 00.	
70,000. 00.	50,196. 00.	//	120,196. 00.	349,804. 00.	
15,600. 00.	10,400. 00.	//	26,000. 00.	177,000. 00.	
33,000. 00.	16,400. 00.	//	49,400. 00.	40,600. 00.	
98,633. 39.	750,681. 45.	90,341.	1,539,656. 45.	3,128,210. 55.	

oint été transmis.

[TABLEAU N.° 6.]

ÉTAT-MAJOR de l'Armée de terre.

15	Maréchaux et quatre Sénateurs portant le même titre	Dans ce nombre sont comptés les officiers généraux d'artillerie et du génie.
247	Généraux de division	
479	Généraux de brigade	
248	Adjudans commandans	
175	Commandans d'armes	

Le corps des ingénieurs géographes est composé de 102 officiers.

Le corps des inspecteurs aux revues
est composé de......... 47 inspecteurs, dont six en chef.
138 sous-inspecteurs.
47 adjoints.

TOTAL......... 232.

Le corps des commissaires des guerres est actuellement composé
de 55 commissaires ordonnateurs,
245 commissaires de 1.re et 2.e classe,
76 adjoints titulaires.

376.

Plus, un grand nombre d'adjoints provisoires qui sont payés comme les titulaires.

[TABLEAU N.° 7.]

TABLEAU des Pertes faites par le matériel de la guerre dans les Campagnes de 1812 et 1813.

2,100	Pièces de canon de tout calibre.
1,200,000	Projectiles de toute espèce.
600,000	Fusils et armes portatives.
12,000	Voitures d'artillerie.
70,000	Chevaux.

[TABLEAU N.° 8.]

TABLEAU départemental des Contributions particulières autorisées ou non autorisées pour l'exécution des mesures militaires ou de circonstance, Réquisitions pour le service des armées françaises, &c., pendant 1813 et les trois premiers mois de 1814.

DÉPARTEMENS.	SOMMES IMPOSÉES POUR					AUTRES IMPOSITIONS sur des villes ou communes, ou prélèvemens sur des caisses municipales.
	FRAIS de cavaliers montés, demandés aux cantons.	DÉPENSES de la levée des gardes d'honneur.	DÉPENSES de l'habillement des contingens de la levée en masse.	RÉQUISITIONS de denrées nécessaires aux troupes françaises.	FAIRE FACE à des requisitions de denrées, et pour besoins divers.	
Ain	45,160f	50,672.	On ne pourra connaître la totalité de cette dépense que d'après les états au vrai de l'effectif des contingens mis en activité; ils n'ont pu encore être fournis par les préfets.	Cette mesure qui a été successivement étendue à la presque totalité des départemens, est une charge considérable qui ne peut encore être bien connue.	Des appels de fonds ont eu lieu dans divers départemens pour des services urgens de la guerre et de l'administration de la guerre : ils n'ont pu encore être régulièrement constatés. Un des exemples les plus frappans, et dont le résulat est bien connu, est un appel de deux millions fait sur 12 départemens voisins de l'Espagne, au mois de novembre 1813, pour le service du transport des réquisitions.	Indépendamment des impositions particulières qui, depuis un an, ont porté sur les départemens, un grand nombre de communes ont été frappées d'appels de fonds pour des dépenses urgentes du service militaire, pour lesquelles aucun crédit ne se trouvait réalisé, telles que réparations de places de guerre, dépenses de malades et blessés, achat de poudre, d'armes, &c. Plus souvent il a été puisé dans les caisses municipales ou dans celles des hospices; souvent aussi il a été fait des cotisations pour faire face à ces besoins du moment. L'évaluation de ce genre d'imposition n'a pu encore être connue.
Aisne	238,709.	173,794.				
Allier	43,904.	52,790.				
Alpes (Basses)	20,611.	71,412.				
Alpes (Hautes)	37,364.	156,000.				
Ardèche	40,581.	51,069.				
Ardennes	64,674.	85,000.				
Ariége	27,464.	30,000.				
Aube	100,262.	44,606.				
Aude	90,514.	37,200.				
Aveyron	113,620.	86,002.				
B.es-du-Rhône	206,518.	51,849.				
Calvados	272,525.	203,010.				
Cantal	71,677.	58,862.				
Charente	137,593.	68,450.				
Charente-Inf.e	81,156.	90,000.				
Cher	70,972.	27,455.				
Corrèze	38,186.	23,791.				
Corse	Il n'y a point d'offres faites par les cantons.	54,828.				
Côte-d'Or	69,005.	58,400.				
Côtes-du-Nord	196,624.	74,400.				
Creuse	33,956.	20,234.				
Dordogne	84,802.	178,271.				
Doubs	49,044.	33,601.				
Drôme	41,021.	66,370.				
Eure	92,207.	48,000.				

DÉPARTEMENS.	SOMMES IMPOSÉES POUR					AUTRES IMPOSITIONS sur des villes ou communes, ou prélèvemens sur des caisses municipales.
	FRAIS de cavaliers montés, demandés aux cantons.	DÉPENSES de la levée des gardes d'honneur.	DÉPENSES de l'habillement des contingens de la levée en masse.	RÉQUISITIONS de denrées nécessaires aux troupes françaises.	FAIRE FACE à des réquisitions de denrées, et pour besoins divers.	
Eure-et-Loir...	65,056f	75,190f				
Finistère.....	71,198.	136,320.				
Gard........	47,776.	97,390.				
Garonne (H.te).	72,704.	65,015.				
Gers........	183,500.	40,075.				
Gironde......	118,943.	109,000.				
Hérault......	62,957.	110,522.				
Ille-et-Vilaine..	196,423.	80,000.				
Indre........	29,334.	30,215.				
Indre-et-Loire.	82,000.	18,850.				
Isère........	160,637.	11,200.				
Jura.........	104,155.	65,590.				
Landes.......	83,307.	17,200.				
Loir-et-Cher..	35,670.	58,722.				
Loire........	49,122.	88,764.				
Loire (Haute).	106,490.	30,400.				
Loire-Infér.e..	166,717.	81,000.				
Loiret.......	89,919.	74,266.				
Lot.........	140,000.	60,260.				
Lot-et-Garonne.	54,833.	91,100.				
Lozère.......	33,764.	1,633.				
Maine-et-Loire.	168,682.	67,687.				
Manche......	89,990.	178,196.				
Marne.......	58,742.	80,844.				
Marne (Haute).	37,877.	73,050.				
Mayenne.....	112,592.	46,800.				
Meurthe......	188,400.	50,400.				
Meuse.......	57,669.	20,100.				
Mont-Blanc...	50,780.	43,200.				
Morbihan.....	65,500.	56,400.				
Moselle......	96,525.	41,140.				
Nièvre.......	46,416.	77,974.				
Nord........	453,915.	189,799.				
Oise........	152,960.	100,768.				
Orne........	71,176.	159,832.				
Pas-de-Calais..	107,063.	52,000.				
Puy-de-Dôme..	82,207.	95,484.				

DÉPARTEMENS.	SOMMES IMPOSÉES POUR FRAIS de cavaliers montés, demandés aux cantons.	DÉPENSES de la levée des gardes d'honneur.	DÉPENSES de l'habillement des contingens de la levée en masse.	RÉQUISITIONS de denrées nécessaires aux troupes françaises.	FAIRE FACE à des réquisitions de denrées, et pour besoins divers.	AUTRES IMPOSITIONS sur des villes ou communes, ou prélèvemens sur des caisses municipales.
Pyrénées (B.).	72,095.	20,639.				
Pyrénées (H.).	36,011.	37,601.				
Pyrénées-Or.es.	48,865.	37,275.				
Rhin (Bas)...	471,629.	64,800.				
Rhin (Haut)..	149,380.	50,800.				
Rhône.......	98,061.	120,000.				
Saone (Haute).	112,526.	85,624.				
Saone-et-Loire.	85,354.	41,500.				
Sarte........	78,964.	151,204.				
Seine........	693,000.	95,433.				
Seine-Infér.e..	119,864.	205,280.				
Seine-et-Marne.	204,385.	65,166.				
Seine-et-Oise..	94,000.	67,595.				
Sèvres (Deux).	45,076.	57,132.				
Somme......	108,487.	150,150.				
Tarn........	63,204.	52,936.				
Tarn-et-Gar.ne.	128,533.	88,520.				
Var.........	64,784.	55,796.				
Vaucluse.....	29,552.	48,000.				
Vendée......	73,276.	80,324.				
Vienne......	37,309.	31,765.				
Vienne (Haute).	120,840.	35,000.				
Vosges.......	126,659.	75,000.				
Yonne.......	189,813.	14,135.				
TOTAUX..	9,328,819.	6,244,127.				

[TABLEAU N.° 9.]

ÉTAT des Pertes de la Marine militaire depuis quinze années.

43 Vaisseaux.	1 de 118	3,008,516f
	8 de 80	18,207,432.
	30 de 74	57,338,001.
	4 de 64	6,912,252.
82 Frégates..	4 de 24	4,781,116.
	65 de 18	62,859,332.
	13 de 12	10,147,553.
26 Corvettes		12,284,012.
50 Brigs		15,101,730.
7 Goëlettes		813,596.
5 Cutters		904,845.
4 Felouques		242,852.
1 Tartane		59,042.
14 Lougres et canonnières		700,000.
7 Flûtes de 800 tonneaux		4,736,921.
3 *Idem* de 600		1,584,318.
11 Gabares..	3 de 350 tonneaux	1,100,000.
	8 de 200	1,716,112.
10 Transports		449,700.
263 Bâtimens.		202,947,724.

[TABLEAU N.° 10.]

TABLEAU de l'État actuel des forces navales de la France.

Dans les Ports depuis Dunkerque jusqu'à Toulon.	A la mer, armés ou en armement.	Désarmés ou en réparation.	En construction.	TOTAL.
Vaisseaux	29.	13.	18.	60.
Frégates	15.	13.	11.	39.
Corvettes	8.	7.	1.	16.
Brigs	12.	8.	3.	23.
Flûtes	6.	7.	5.	18.
Bâtimens légers, gabares et transports	172.	140.	//	312.
	242.	188.	38.	468.
A Anvers (1).				
Vaisseaux	10.	11.	14.	35.
Frégates	4.	5.	3.	12.
Brigs	3.	1.	//	4.
	17.	17.	17.	51.
Gènes, Venise et Corfou (2).				
Vaisseaux	2.	//	6.	8.
Frégates	1.	//	3.	4.
Brigs	7.	1.	//	8.
Bâtimens légers	14.	5.	1.	20.
	24.	6.	10.	40.

(1) Le traité du 30 mai 1814 donne à la France les deux tiers de ces bâtimens.

(2) Ces bâtimens sont perdus pour la France, à l'exception de ceux de Corfou.

[TABLEAU N.° II.]

TABLEAU du Déficit existant dans les Budgets de 1812 et 1813.

Les produits extraordinaires des douanes avaient été portés pour	40,000,000f
Ils ne se sont élevés qu'à	18,968,000.
Et il existe encore un déficit de	21,032,000.
L'enregistrement avait été exagéré de la somme non recouvrée de	9,000,000.
On avait porté, sous le titre de moyens extraordinaires, le produit des ventes de biens communaux (après le prélèvement de 46 millions pour 1811) pour	77,500,000.
Et les produits de ventes de biens des États romains pour	46,000,000.
En sorte que, sur le seul budget de l'année 1812, il existait un déficit de	153,532,000.
Les produits portés au budget de 1813 avaient été exagérés de la même manière.	
L'enregistrement et les bois de.... 20,000,000.	158,500,000.
Les droits de douanes et sels de... 30,000,000.	
Les droits réunis et tabacs de..... 30,000,000.	
Les contributions extérieures de.... 9,000,000.	
Les ventes de biens communaux avaient été comprises pour......... 69,500,000. dont la réalisation était impossible.	
Le déficit certain dans les recettes portées au budget de chaque année était donc au moins de 150 millions, et il est encore en ce moment, pour les deux dernières années, de	312,032,000.

[TABLEAU N.° 12.]

ÉTAT des Sommes prises sur les Fonds spéciaux.

Il a été enlevé aux fonds spéciaux et employé aux dépenses du budget :

Sur 1811	8,046,000f
Sur 1812	13,178,000.
Sur 1813	32,256,000.
Sur 1814	//
	53,580,000.

[TABLEAU N.° 13.]

ÉTAT des Sommes empruntées à la Caisse du domaine extraordinaire.

Il a été prélevé sur les caisses du domaine extraordinaire et de la couronne :

Prêt à la caisse de service	84,000,000f
Montant des bons de la caisse d'amortissement..	118,500,000.
Avances à la garde impériale et autres	27,800,000.
Liste civile, 1.er trimestre an 1814	6,250,000.
	236,550,000.

[TABLEAU N.° 14.]

ÉTAT des Sommes détournées de la Caisse de service et de celle du trésor.

La caisse de service et celle du trésor ont avancé et consommé :

Effets remis et à rembourser.	Les retraites du caissier général.........	8,873,000f
	Les billets de service, *idem*.............	572,000.
	Les bons de la caisse d'amortissement pour ventes de biens communaux.........	26,000,000.
	Les acceptations et effets à payer........	8,810,000.
Les fonds déposés.	Par le mont de piété................	4,400,000.
	Par les communes, dont 7,800,000 fr. dans les départemens réunis.............	10,800,000.
	Par la caisse des invalides de la marine....	3,392,000.
	Par la direction des vivres.............	2,045,000.
	Par la caisse des canaux..............	1,535,000.
	Par l'université....................	1,045,000.
	Par la caisse de police................	335,000.
	Par la caisse des invalides.............	207,000.
Les sommes prêtées par la Banque de France.......		54,000,000.
Les fonds avancés par les receveurs généraux sur les fonds départementaux déposés dans leurs caisses et sur leur crédit, et les effets non échus et non payés tirés sur eux, représentent.............		40,000,000.
TOTAL des sommes anticipées et consommées sur les fonds de la caisse de service.................		162,014,000.

[TABLEAU N.° 15.]

ÉTAT des Sommes détournées de la Caisse d'amortissement.

La caisse d'amortissement a été successivement dépouillée de tous les fonds qui lui avaient été confiés, soit comme caisse de dépôt, soit comme caisse d'amortissement.		
On a détourné de leur destination et employé aux dépenses de la guerre,		
Les fonds des cautionnemens, dont 46,000,000 dans les départemens réunis		196,000,000.
Intérêts arriérés de cautionnemens		6,000,000.
FONDS déposés	des consignations judiciaires	11,060,000.
	de la compagnie des canaux	1,125,000.
	de la légion d'honneur	1,600,000.
	de divers	2,956,000.
	des retraites	663,000.
	de la société de charité maternelle	140,000.
	des successions de militaires	558,000.
Les fonds spéciaux, pour dépenses du ministère de l'intérieur		30,000,000.
Bons de la caisse d'amortissement, émis et à rembourser		25,723,000.
Il a donc été détourné de la caisse d'amortissement et employé aux dépenses, une somme de plus de		275,825,000.

[TABLEAU N.° 16.]

État de l'Arriéré existant dans les charges particulières du Ministère des finances.

ARRÉRAGES échus et exigibles.	Dette publiq. 1.er sem. échu	le 22 déc. 1813.	22,000,000.	53,500,000.
		le 22 m.rs 1814.	31,500,000.	
	Solde de retraite			12,000,000.
	Intérêts de cautionn.ns, consign.ns et autres			12,000,000.
	TOTAL de l'arriéré			77,500,000.

www.ingramcontent.com/pod-product-compliance
Lightning Source LLC
LaVergne TN
LVHW010056230826
846091LV00005B/1958

* 9 7 8 2 0 1 1 7 5 9 5 0 4 *